Jonathan Lommel

# Reicher Ertrag am Ährentag

Was du säst, das wirst du ernten

W0190652

Jonathan Lommel

# Reicher Ertrag am Ährentag

**Was du säst, das wirst du ernten**

Jonathan Lommel
**Reicher Ertrag am Ährentag**
Auf dem Weg zum Ursprung und Ziel deiner Sehnsucht

Bestell-Nr. 271.099
ISBN 978-3-86353-099-0
Soweit nicht anders vermerkt,
wurde die folgende Bibelübersetzung verwendet:
Revidierte Elberfelder Bibel © 1985/1991/2008 SCM R.Brockhaus
im SCM-Verlag GmbH & Co. KG, Witten
Darüber hinaus wurden folgende Übersetzungen verwendet:
Gute Nachricht Bibel,
© 1997 Deutsche Bibelgesellschaft, Stuttgart (GNB)
NeÜ bibel.heute, © 2013 Karl-Heinz Vanheiden,
www.kh-vanheiden.de (NeÜ)
Bibeltext der Neuen Genfer Übersetzung – Neues Testament und
Psalmen, Copyright © 2011 Genfer Bibelgesellschaft (NGÜ)
Hoffnung für alle. Die Bibel. Brunnen Verlag, Basel, Gießen 1996.
Revidierte Fassung in neuer Rechtschreibung 2002 (Hfa)

1. Auflage
© 2014 Christliche Verlagsgesellschaft, Dillenburg
www.cv-dillenburg.de
Umschlaggestaltung und Satz:
Christliche Verlagsgesellschaft Dillenburg
Umschlagmotive: © Anelina/Shutterstock.com (Hintergrund);
© Arcady/Shutterstock.com (Stempel)
© Reggison/Shutterstock.com (Pflanze)
GGP Media GmbH, Pößneck
Printed in Germany

# Inhalt

# Einleitung

Glaubst du an Zufall oder Schicksal? Nun, ein Bauer, der Weizen oder Mais anbaut und erntet, tut das nicht. Ganz im Gegenteil. Er lebt wie kein anderer nach einem völlig vernachlässigten Naturgesetz: Jede Saat reproduziert nach ihrer Art. Anders ausgedrückt: Aus Sonnenblumenkernen, die in die Erde eingepflanzt werden, entstehen Sonnenblumen, aus Senfkörnern Senfpflanzen, aus Bucheckern Buchen usw. Diese Aufzählung könnte man endlos fortsetzen.

Das Gesetzt von Saat und Ernte ist ein Naturgesetz, dessen sich jeder Landwirt absolut bewusst ist, während viele Nichtlandwirte keine Ahnung davon zu haben scheinen. In der Schule büffeln wir den „Satz des Pythagoras", wir lernen eine Sprache, die kein Mensch mehr spricht (Latein), oder festigen unsere sozialen Kompetenzen bei verbotenen Schneeballschlachten auf dem Pausenhof, aber das wichtigste Naturgesetz lernt man dort nicht.

Das Gesetz der Schwerkraft können die Lehrer uns nicht verheimlichen, aber das Gesetz von Saat und Ernte, das für das Leben alles entscheidend ist, wird unterschlagen. Und so glauben die meisten Leute, das Prinzip von Saat und Ernte sei nur etwas für Bauern.

Dabei ist dieses Gesetz so zuverlässig wie die Schwerkraft und sogar von viel größerer Bedeutung ...

*

Ein Bauer lebt und arbeitet also mit dem Gesetz von Saat und Ernte. Er denkt nicht im Traum daran, es infrage zu stellen, oder gar, es zu ignorieren. Er kann es sich überhaupt nicht leisten, etwas anderes zu säen, als er ernten möchte. Selbst der dümmste Bauer mit den dicksten Kartoffeln weiß, dass er Kartoffeln setzen muss, wenn er Kartoffeln ernten will. Und wenn er Kartoffeln gesetzt hat, dann sind Kartoffeln das Einzige, was er ernten wird. Klingt völlig logisch, oder? Der Bauer hofft nicht einfach nur, dass die von ihm gesetzten Kartoffeln auch neue Kartoffeln hervorbringen, die er dann ernten kann. Er betetet nicht: „Lieber Gott, ich habe Kartoffeln gesät, bitte lass mich doch auch Kartoffeln ernten; die schmecken so gut."

*

Du fragst jetzt möglicherweise, was das mit dir zu tun hat. Kartoffeln essen – ja, das kennst du, aber du willst schließlich keine anpflanzen (nehme ich mal an). Die gibt's ja immerhin im Supermarkt.

Was wäre aber, wenn dieses Prinzip von Saat und Ernte nicht nur den Bauern beträfe, sondern auch dich und mich? Wenn das ganze Leben nach diesem Prinzip organisiert wäre? Statt Zufall Ernte, statt Schicksal aufgegangene Saat?

Machen wir uns nichts vor: Wir alle ernten genau das, was wir gesät haben. Gott hat dieses Naturgesetz so eingerichtet:

*Von jetzt an, solange die Erde besteht, soll nicht aufhören: Saat und Ernte, Frost und Hitze, Sommer und Winter, Tag und Nacht.*
1. Mose 8,22

*Was der Mensch sät, wird er auch ernten.*
Galater 6,7 (NeÜ)

Diese Verse sind garantiert nicht nur an Landwirte gerichtet. Von ebendiesen können wir aber noch mehr lernen, als nur das Prinzip von Saat und Ernte ernst zu nehmen.

Ein Bauer weiß, dass zwischen der Aussaat und der Ernte immer eine bestimmte Zeit vergehen muss. Es gibt Saat, die wächst schnell, und es gibt Saat, die wächst nur sehr langsam heran. Jede Saat hat ihren eigenen Zeitplan, bis sie zur Ernte kommt. Wir ernten zwar immer das, was wir gesät haben, aber wir ernten es meistens nicht direkt. Manches erntet man schon nach Tagen oder Wochen, aber es gibt auch lange und sehr lange „Reifezeiten". Viele Dinge, die wir säen, wachsen über Monate und Jahre, und wenn die Ernte kommt, dann wissen wir oft überhaupt nicht mehr, dass wir genau das einmal gesät haben. Viele, die dieses Gesetz von Saat und Ernte nicht kennen, sagen dann: „Was für ein Zufall!", oder aber: „Da habe ich einfach richtig Pech gehabt!" Vielleicht reden sie auch gleich von Schicksal oder von einem willkürlichen Gott.

*Machen wir uns nichts vor: Wir alle ernten genau das, was wir gesät haben.*

Noch etwas ist dem Bauern klar, vielen anderen jedoch nicht: Man erntet immer mehr, als man gesät hat. Aus einem Weizenkorn, das gesät wird, das keimt und aufgeht, wächst eine Ähre mit vielen Weizenkörnern, und aus einem kleinen Apfelkern, den man gesät hat, wächst ein Baum, der viele Früchte trägt.

Jetzt sagst du vielleicht: Gott sei Dank ist die Ernte größer als die Saat. Aber halt! Was ist, wenn man statt leckeren, saftigen Äpfeln etwas gesät hat, das man gar nicht ernten wollte?

*Wer Wind sät, wird Sturm ernten.*
Hosea 8,7 (GNB)

Wir ernten mehr, als wir gesät haben – das gilt für gute wie für schlechte Saat –, ob wir nun daran glauben oder nicht. Ein Naturgesetzt richtet sich nicht danach, was für eine Meinung, was für Wünsche oder Vorstellungen wir haben. Springst du von einem Hochhaus und rufst dabei: „Ich glaube nicht an die Schwerkraft!", wird ebendiese sich dir binnen weniger Sekunden persönlich vorstellen. Und vermutlich bezahlst du für deinen Hochmut mit deinem Leben.

Ob du es also glaubst oder nicht: Du erntest mehr, als du gesät hast – im Guten wie im Bösen. Eine böse Saat wird zu einer gallenbitteren Ernte. Schlagen wir zum Beispiel Gottes Gebote und Ratschläge permanent in den Wind, dann ernten wir einen Chaos-Sturm. Wir sollten uns bestens überlegen, was wir säen wollen und bereits gesät haben.

Jetzt kommt die Gretchenfrage: Was ist eigentlich alles Saatgut? Nun, wo wir uns des Prinzips von Saat und Ernte bewusst sind, sollten wir uns mal ansehen, was für Samen wir tagtäglich in unserem Leben aussäen. Fangen wir mit der verborgensten Saat an: mit unseren Gedanken ...

# Die Saat zwischen unseren Ohren

Deine Gedanken sind keine harmlosen oder gar sinnlosen Daten, die du in deinem Gehirn verarbeitest. Sie sind die erste Saat, die du aussäst, und zugleich die wichtigste im Leben. Schon der weise König Salomo sagte:

*Mehr als auf alles andere achte auf deine Gedanken, denn sie entscheiden über dein Leben.*
Sprüche 4,23 (GNB)

Die Gedanken, die du tagtäglich über dich selbst, deine Mitmenschen und über Gott und die Welt denkst, sind eine Saat, die du ausstreust.

Jeder von uns hat von klein auf gelernt, dass man sich die Zähne putzt, damit man keine Karies bekommt. Jeder hat beigebracht bekommen, dass man sich hin und wieder duschen sollte, sonst müffelt man irgendwann. Und auch das eigene Zimmer wird einen Mief verbreiten, der selbst Ratten verjagt, wenn man alte Socken unterm Bett hortet und das Fenster nur dazu nutzt, um etwas natürliches Licht einzulassen.

Uns ist mehr oder weniger klar: Hygiene ist überlebenswichtig – und sei es für die armen Ratten unterm Bett. So putzen wir im Idealfall zweimal am Tag die Zähne, duschen regelmäßig und wechseln auch schon mal die Unterhose. Aber jetzt kommt's: Wer betreibt schon „Gedankenhygiene"?

In unseren Gedanken sind schon scharenweise Ratten erstickt. Der Kopf ist bei vielen eine verseuchte Zone, die ihresgleichen sucht. Dabei entscheidet sich dort unser Leben, wie die Bibel sagt. Also: Es wird allerhöchste Zeit, in unseren Gedanken auszumisten und ein Vollbad zu nehmen.

Vielleicht lassen wir ja alles ungefiltert in unser Hirn wandern, was uns so an Gedanken kommt, weil wir meinen, jeder Gedanke sei automatisch von uns. Doch das ist ein riesiger Irrtum mit schwerwiegenden Folgen. Finstere, teuflische Gedanken treiben jedes Jahr Hunderte von

Jugendlichen in unserem Land in den Selbstmord! Diese Gedanken kommen nicht etwa von jetzt auf gleich, sondern sie wurden genährt, und zwar in der Regel über eine längere Zeit hinweg. Die zerstörerischen Gedanken wurden nicht weggefiltert, man macht sie sich einfach zu eigen, bis sie zu festen Gedankengebäuden werden und schließlich zu einer entsprechenden Handlung führen.

Du siehst also: Gedanken sind alles andere als harmlos; sie können sogar tödlich sein. Wenn du glaubst, dass alles, was du denkst oder gedacht hast, von dir selbst sei – oder noch schlimmer: zu dir gehört –, dann wird es jetzt höchste Zeit zu reagieren.

Gedanken kommen zumeist von außen. Wir selbst, also unser Gehirn, verarbeiten diese Eindrücke dann meistens nur.

Hast du schon mal die Befürchtung gehabt, dass du „die Sünde gegen den Heiligen Geist" begegangen haben könntest? Die Sünde, die, wie die Bibel sagt, als Einzige nicht vergeben wird (Markus 3,29)? Woher kommt dieser Gedanke, der mit großer Unruhe und Angst einhergeht? Von dir selbst? Nein, dieser Gedanke kommt vom Teufel. Er versucht, Unfrieden, Angst und

> Gedanken sind alles andere als harmlos; sie können sogar tödlich sein.

andere schlechte Samen in deine Gedanken zu säen. Wenn man logisch an die Sache herangeht, muss man doch sagen, dass allein die Angst, dass du diese Sünde begangen haben könntest, dagegen spricht, dass du es getan hast, oder nicht? Wenn du es tatsächlich getan hättest, würde es dir wahrscheinlich gar nicht leidtun.

Wenn du oft denkst, dass du unbedeutend bist und deine Existenz keinen Menschen juckt – woher, meinst du, kommen solche Gedanken? Von dir selbst? Der Teufel streut sie ein und versucht, mit ihnen eine schlechte Saat zu setzen, die, wenn sie aufgeht, Minderwertigkeit und Depression als Ernte hervorbringt. „Ich bin wertlos und unbedeutend" ist kein Gedanke von dir, auch wenn er sich so anhört, und von Gott ist er schon gar nicht, denn er sagt dir in seinem Wort das Gegenteil (z. B. in Matthäus 6,26).

Wenn Gedanken in dir aufsteigen, von denen du genau weißt, dass sie zu nichts Gutem führen, dann kannst du sicher sein: Der Teufel versucht dich zu verführen.

Auf der anderen Seite gibt es aber auch Gedanken, die Gottes Geist dir eingibt. Diese Gedanken sind gut, friedvoll und von aufbauender Natur. Dir kommt z. B. der Gedanke, dass du für jemanden beten wolltest oder du dich bei jemandem entschuldigen solltest.

Gottes Geist hat aber auch die Aufgabe, uns zu zeigen, wer wir als Gottes Kinder eigentlich sind. Er gibt uns Gedanken, die uns bewusst werden lassen, dass wir uns den Himmel nicht verdienen müssen, sondern Erlöste sind.

Wenn dir Bibelstellen oder Zitate aus einer Predigt einfallen, woher kommen diese Gedanken dann? Von Gott. Er spricht zu dir! Wenn in dir Gedanken aufsteigen, die dir sagen, dass Gott dich liebt, dass er einen außergewöhnlich guten Plan für dein Leben hat, dann sind diese Gedanken vom Herrn.

*

Wir meinen, wir würden alles „selbst" denken, und was wir denken, wäre auch ein Teil von uns. Aber diese Vorstellung kann dich extrem in die Mangel nehmen. Wenn du die Gedanken des Teufels einfach so als deine eigenen annimmst, weil du es nicht besser weißt oder seiner Lüge geglaubt hast, dann beginnt die schlechte Saat zu keimen. Aber du kannst entscheiden, welche Gedanken du akzeptierst und „reinlässt" und welche du abweist, weil sie auf einer Lüge basieren.

*„Mehr als auf alles andere achte auf deine Gedanken, denn sie entscheiden über dein Leben"*, sagte Salomo. Mit anderen Worten: Lerne,

deine Gedanken zu prüfen, bevor du sie weiterdenkst, dich immer wieder mit ihnen beschäftigst oder sie sogar zu deinen eigenen erklärst.

Niemand kann verhindern, dass uns Gedanken in den Sinn kommen, aber wir haben immer die Möglichkeit, diese Gedanken von uns zu weisen.

Luther hat mal gesagt: „Ich kann nicht verhindern, dass Vögel über meinem Kopf fliegen, aber ich kann wohl verhindern, dass sie auf meinem Kopf ein Nest bauen."

Schauen wir uns auf den folgenden Seiten mal drei Saatkörner an, die oft in unserer Gedankenwelt angepflanzt werden.

## Falsches Urteilen

*Richtet nicht, dann werdet auch ihr nicht gerichtet werden! Verurteilt niemand, dann werdet auch ihr nicht verurteilt! Sprecht frei, dann werdet auch ihr freigesprochen werden!*
Lukas 6, 37 (NeÜ)

Ich hörte einmal die folgende Geschichte:

*Ein Vater steigt mit seinen beiden kleinen Kindern in eine U-Bahn ein. Er setzt sich schweigend hin und lässt seine Kleinen im Gang spielen.*

*Die zwei sind aufgedreht und laut. Die anderen Fahrgäste fühlen sich gestört. Sie wollen in Ruhe ihre Zeitung lesen oder Musik hören und dabei nicht von den tollpatschigen Zwergen aus Versehen angerempelt werden.*

*Zunächst sagt keiner der anderen Fahrgäste etwas. Der Vater sitzt in aller Seelenruhe auf seinem Platz; es scheint, als wäre ihm egal, was seine Kinder da treiben. Er schaut gedankenlos aus dem Fenster.*

*Nach einer Weile wird es einem älteren Herrn zu bunt. Er geht auf den Vater zu und pöbelt ihn an: „Was sind Sie eigentlich für ein Vater? Merken Sie überhaupt nicht, dass Ihre Kinder hier alle verrückt machen?"*

*Der Vater schaut auf und sagt mit zitternder Stimme: „Verzeihen Sie bitte vielmals ... Wissen Sie, ich komme gerade mit meinen Kindern aus dem Krankenhaus ... Ihre Mutter ist vorhin gestorben. Ich habe es noch nicht übers Herz gebracht, es ihnen zu sagen."*

Wie oft passiert es uns, dass wir über einen anderen Menschen und sein Verhalten ein Urteil sprechen? Wir wissen nichts über die Person, aber meinen, sie und ihre Beweggründe genau studiert zu haben, dabei haben wir keine Ahnung, was wirklich vor sich geht. In unseren Gedanken bilden wir uns ein Urteil. Und wir nehmen uns das Recht heraus, anderen mal die Meinung zu sagen oder ihnen den Kopf zu waschen.

Bist du schnell dabei, ein Urteil über andere und ihr Verhalten zu fällen und das auch kundzutun? Wenn du andere Menschen verurteilst, säst du eine Saat, die eine entsprechende Ernte einbringt – allerdings nicht nur dir, sondern auch demjenigen, über den du urteilst (doch dazu später mehr). Das Ganze hat in jedem Fall eine Wechselwirkung: Du reagierst entsprechend deiner Einschätzung, und das wiederum hat Auswirkungen auf das Verhalten anderer in deinem Umfeld auf dich.

*

Nimm dir die Geschichte von dem Vater in der U-Bahn zu Herzen. Ich weiß nicht, ob sie wirklich passiert ist, aber sie verdeutlicht sehr gut, wie schnell man sich ein verkehrtes Bild machen kann. Wir sehen oder hören etwas von einer Person – Äußerlichkeiten – und wissen doch nichts über ihre wahren Motive oder Beweggründe.

Du solltest also vorsichtig sein, über deine Eltern, deinen Lehrer oder Leute aus deiner Jugendgruppe zu richten. Es fällt auf dich zurück und andere Menschen werden irgendwann schlecht über dich denken und dich in eine Schublade stecken, aus der du so schnell nicht rauskommst. Dann fühlst du dich vielleicht wie ein Opfer, aber du hast vergessen, dass in Wirklichkeit du selbst der Täter warst.

## Bilder im Kopf

Ein weiterer Bereich sind die „Bilder im Kopf". Gedanken tauchen oft als eine Art Bild vor unserem „inneren Auge" auf. Das drückt sich auch in der Redewendung „Ich habe es schon kommen sehen" aus. Wir haben eine lebhafte Vorstellung davon, wie uns etwas Bestimmtes passieren oder sich eine Angst bewahrheiten könnte.

Was siehst du in deinen Gedanken?

Erfolg oder Misserfolg? (*„Ich seh schon, wie ich beim Führerschein durchfalle, weil ich so nervös bin."*)

Gesundheit oder Krankheit? (*„Die Grippewelle ist wieder unterwegs. Ich seh schon, wie es mich wieder erwischt."*)

Lösungen oder einen Haufen Probleme? (*„Ich seh schon, dass ich an der neuen Schule nicht* *zurechtkomme, und wahrscheinlich finde ich auch nicht so schnell neue Freunde ...")*

Deine Vorstellungskraft erzeugt ein Bild vor deinem inneren Auge. Diese „Bilder" haben eine unwahrscheinliche Macht. Spitzensportler arbeiten bewusst damit und versuchen, sich mit ihrer Hilfe auf Erfolg zu programmieren. Das unterscheidet sie von „normalen" Sportlern, die glauben, es reicht, allein den Körper auf Höchstleistung zu bringen.

Auch die Medien tun ihr Bestes, um uns mit Bildern zu manipulieren – und das geht schneller, als du denkst. Wenn du dir oft genug *Germany's Next Topmodel* reinziehst, wird in dir ein Bild gestaltet. Dieses Bild von angeblicher Schönheit, Attraktivität oder davon, wie eine Frau sich zu verhalten hat, wird dich prägen.

Jeder von uns entwickelt sich unbewusst entsprechend der Bilder, die er vor sich sieht. Als junges Mädchen fühlst du dich unattraktiv oder nicht begehrenswert genug, weil du deinem inneren Bild von einem „Topmodel" nicht entsprichst. Du stehst vor dem Spiegel oder bist beim Shoppen und kommst dir nicht gut genug vor. Hier gibt es einen Makel, dort eine Abweichung von der „Norm" und hier ist auch noch was hässlich. Dein inneres Bild von wahrer Schönheit ist verzerrt und es belastet dich.

Bei Jungs sind es eher andere Bilder. Wir stehen in der Gefahr, der Pornoideologie zu verfallen. Man zieht sich diese Filme rein und bekommt ein inneres Bild verabreicht. Wie Sex sein muss, wie eine „echte" Frau auszusehen, sich zu bewegen und was sie zu machen hat, um einen Mann zu befriedigen. Pornos täuschen vor, eine wunderschöne Realität zu sein, aber in Wirklichkeit fördern sie Egoismus, Respektlosigkeit gegenüber Frauen und u. a. Zwangsprostitution. Die Pornos müssen dringend aus den Köpfen der Jugendlichen verbannt werden! Stattdessen brauchen wir wieder neu Gottes Bild von Sex, respektvollem Umgang miteinander und Ehe.

Wir alle fühlen und verhalten uns entsprechend der Bilder, die vor unserem inneren Auge ablaufen. Unsere Gedanken darüber, wie etwas oder jemand zu sein hat, bestimmen maßgeblich unsere Haltung und unser Verhalten. Die entmutigende Kluft zwischen diesen verzerrten Idealbildern und der Realität ist die Ernte. Flache Erwartungshaltungen tun ihr Übriges, um unzufriedene und frustrierte Jugendliche zu hinterlassen.

Welchem inneren Idealbild bist du verfallen, das bei genauerer Betrachtung dein Denken verseucht hat und dich unzufrieden zurücklässt?

# Die Macht der Sorgen

In der Bibel werden wir oft ermahnt, uns keine Sorgen zu machen – z. B. in 1. Petrus 5,7, in Matthäus 6 oder im Philipperbrief. Immer wieder fordert Gott uns auf, unsere Gedanken im Hier und Heute zu halten, anstatt darüber nachzugrübeln, was wie wann in der Zukunft wohl passieren wird.

Warum fordert Jesus uns auf: „Macht euch keine Sorgen ..."? Weil er weiß, wohin Sorgen führen.

In den Sprüchen steht, dass Sorgen einen Menschen niederdrücken (Kapitel 12, Vers 25). Sie schnüren einem buchstäblich das Herz zu. Darüber hinaus schwächen Sorgen nachweislich unser Immunsystem und laden somit allerlei Krankheiten ein. Eine mögliche Ernte von Sorgen ist also Krankheit, das muss uns klar sein. Sorgen belasten uns, rauben uns den Schlaf und entehren Gott! Menschen, die Gott nicht kennen, machen sich sorgen; wo sollen sie auch hin damit? Wir als Gottes Kinder sind aber berufen, ein sorgenfreies Leben zu führen, weil wir jemanden haben, der sich um uns sorgt.

Sorgenvolle Gedanken machen aber nicht nur krank, die Angst und die Befürchtungen, die dahinterstecken, können uns darüber hinaus regelrecht lähmen.

*„Wer auf den Wind achtet, wird nie säen, und wer auf die Wolken sieht, wird nie ernten."*
Prediger 11,4


Sorgen verhindern, dass wir tätig werden und eine neue, gute Saat säen. Es könnte ja nicht der richtige Zeitpunkt oder Ort sein. Es könnte ja noch etwas Grundlegendes zu bedenken geben bei der ganzen Sache. Es könnte ja ... Und dann machen wir unterm Strich nichts und verpassen die Gelegenheit, in eine gute Zukunft zu investieren. Wenn wir uns mit sorgenvollen Gedanken beschäftigen, raubt uns das die Entscheidungsfreudigkeit. Und die schlechtesten Entscheidungen sind oftmals die, die wir eigentlich gar nie getroffen haben in der Hoffnung, dass das schon irgendwie gut ausgeht.

Wir sollen uns zwar nicht sorgen, aber das heißt nicht, dass wir uns um nichts mehr kümmern sollen. Wir sollen alles in unserer Macht Stehende tun, aber alles, was darüber hinausgeht, ist Sorge und somit Sünde. Gott macht sich um uns Sorgen, wir sollten ihm das Zepter nicht aus der Hand reißen, sonst verpassen wir womöglich die gute Ernte, die seine Fürsorge bereithält.

Um was machst du dir zurzeit Sorgen?

Noch eine Anmerkung: Du wirst feststellen, dass die Saat der Gedanken auch in den folgenden Kapiteln unterschwellig eine Rolle spielen wird. Denn meist bleibt es ja nicht nur bei Gedanken. Sie führen zu Worten und zu Taten, und um beides soll es im Folgenden gehen ...

# Die Saat auf unserer Zunge

*Die Zunge hat Macht über Leben und Tod; wer sie gut nutzt, genießt ihre Frucht.*
Sprüche 18,20–21 (NeÜ)

Worte sind nicht nur dazu da, um sich verständlich zu machen und Kontakte zu anderen Menschen zu pflegen. Sie haben – wie Gedanken – Macht über dein Leben, und du bist für sie verantwortlich!

Du kannst Worte voller Zweifel aussprechen oder Gottes Verheißungen zitieren.

Du kannst mit deinen Worten Freundschaften aufbauen oder diese aufs Spiel setzen.

Du kannst mit deinen Worten Gott loben oder dich über ihn lustig machen.

Du kannst entscheiden, was über deine Lippen kommt und somit zu einer machtvollen Saat wird.

Karl Pilsl, ein erfolgreicher Unternehmer und Christ, hat einmal einen Vortrag über die Macht unserer Worte gehalten. Im Rahmen dieses Vortrags forderte er seine Zuhörer auf, ebendiese doch einmal zu erproben: Die Männer sollten am nächsten Morgen, wenn sie neben ihrer Frau aufwachten, zu ihr sagen: „Schatz, wenn ich dich so ansehe, dann bleibt die Zeit stehen." Alternativ könnten sie auch Folgendes zu ihr sagen: „Du hast ein Gesicht, das die Uhr zum Stehen bringt."

> Wir entscheiden, was wir sagen, und somit auch, mit welchen Folgen wir zu rechnen haben.

Man könnte meinen, mit beiden Varianten hätte man dasselbe gesagt, aber die unterschiedliche Wortwahl wird sehr unterschiedliche Ernteeinträge einbringen. Wer das Erste zu seiner Frau sagen würde, so Pilsl, könne sich auf einen schönen Abend freuen, wer sich für die zweite Wortwahl entschied, für den sei der Abend bereits am Morgen gelaufen. Wir entscheiden, was wir sagen, und somit auch, mit welchen Folgen wir zu rechnen haben.

*

Dass uns kein Vorteil entsteht, wenn wir jemanden offen beleidigen, das sehen viele noch ein. Doch wie sieht es mit Worten aus, die wir im Verborgenen sagen, zum Beispiel über jemanden, der gerade nicht anwesend ist?

## Lästern? Keine gute Idee!

Wenn Worte eine machtvolle Saat sind, welche Ernte haben wir dann wohl zu erwarten, wenn wir schlechte Worte über andere aussprechen? Man wird böse und herabsetzende Worte über uns sagen. Wer eine Lästerbacke ist und fleißig nach dem neuesten Tratsch Ausschau hält, der wird nicht nur gemieden, er darf sich auch nicht wundern, wenn er selbst zum Opfer von fiesen Lästerattacken wird.

Wenn du in einer Lästerclique zu Hause bist, die über alles und jeden herzieht, was glaubst du dann, über wen sie reden werden, wenn du mal nicht dabei bist? Richtig: über dich! Und glaub nicht, dass sie ein Blatt vor den Mund nehmen werden. Wer andere verurteilt und mit Worten richtet, muss damit rechnen, selbst gerichtet zu werden.

Neigst du dazu, regelmäßig „Feststellungen" über deine Lehrer oder den Tollpatsch der Schule zu machen?

Wer über andere herzieht oder Witze auf ihre Kosten macht, der wird von anderen Menschen gemieden. Warum habe Leute, die gerne lästern und viel dummes Zeug reden, Freunde mit der gleichen Neigung? Weil kein anderer wirklich etwas mit ihnen zu tun haben will.

Wenn du dich unbeliebt machen willst, dann brauchst du nur mit ein wenig Fleiß und Geduld schlecht über Freunde, deine Jugendgruppe oder deine Familie zu reden.

> Wer über andere herzieht oder Witze auf ihre Kosten macht, der wird von anderen Menschen gemieden.

Das Kuriose ist: Im Prinzip ist das jedem klar. Und doch fällt es vielen so schwer, ihre Zunge im Zaum zu halten, wenn es darauf ankommt. Die Gründe dafür können sehr unterschiedlich sein. Man will sich z. B. interessant machen; oder man kann den anderen, über den gerade gelästert wird, einfach nicht leiden und nutzt die Gelegenheit, seinen Frust über diese Person einfach mal bei anderen abzulassen. Fakt ist aber, dass die Saat, die man damit sät, eine schlechte ist.

Vernichte diese Saat und ersetze sie durch freundliche Worte. Verlass die Gruppe von

Lästermäulern; du wirst ihnen nicht nachtrauern. Wenn jemand deine Freunde in den Dreck zieht, benutze deine Worte, um sie zu verteidigen und für sie einzutreten, dann erntest du wunderbare Freundschaften.

## Wie redest du über dich selbst?

Es gibt eine Sportart, bei der du jede Menge interessanter – nun, nennen wir es einmal „Selbstgespräche" hören kannst: Tischtennis.

Mit 17 fing ich beim CVJM Dillenburg an, die ersten Bälle zu schmettern. Mein Dad spielte dort seit vielen Jahren und hatte mich schon dann und wann mitgenommen.

So richtig begeistert war ich von der Sportart nie, auch wenn ich sie bis heute ausübe. Aber ich weiß, warum ich sie nicht einfach aufgabe: Die Leute in unserem Verein sind großartig und wir sind – ungelogen – eine saucoole Truppe. Es macht Spaß, mit den Leuten Sport zu machen. Dass es sich dabei um Tischtennis handelt, ist mir fast egal.

Aber damit kein falscher Eindruck entsteht: Es macht natürlich auch Spaß, gegen andere zu gewinnen. Wie zum Beispiel als ich mein allererstes richtiges Spiel hatte. Mein Gegner war ein Mann, der sich ständig selbst anschrie. Das Ganze war so unterhaltsam, dass ich mir das Lachen bald nicht mehr verkneifen konnte.

Erst zweifelte er die Qualität seines Tischtennisschlägers an: *„Ich glaub, ich hab ein Frühstücksbrett in der Hand!"* Dann schrie er die halbe Halle zusammen: *„Ich glaub, ich spinne!"*

Ich gewann mein erstes Spiel, und seitdem habe ich beim Tischtennis die affigsten „Selbstgespräche" gehört. Es gibt Leute, die sich an der Platte selbst als „Arschloch" beschimpfen. Im Eifer des Gefechts vergessen sie allerdings, klarzustellen, dass sie sich selbst damit meinen. Andere betiteln sich als Vollidiot oder Trottel, oder sie erfinden irgendwelche Fantasiebeschimpfungen.

**Was sagen wir eigentlich zu uns selbst und was für eine Ernte wird das wohl mal einbringen?**

Beim Tischtennis – und wohl auch in anderen Sportarten – kommt es raus: Wir führen negative Selbstgespräche. Im „wahren Leben" vielleicht nicht immer so lautstark wie im Sport, aber doch zumindest in unseren Gedanken. Die Frage ist: Was sagen wir eigentlich zu uns selbst und was für eine Ernte wird das wohl mal einbringen?

Bezeichnest du dich auch gerne als Versager, als Trottel, als talentlos oder unattraktiv? Womöglich kannst du deine Gaben und Talente nicht erkennen, weil du sie dir immer wieder selbst absprichst. Vielleicht kannst du keinen Erfolg haben, weil kein Mensch mit Versagermentalität jemals Erfolg hatte oder haben wird.

Was aber wäre, wenn du nur aufhören müsstest, vor dem Spiegel zu stehen und negative Worte über dein Äußeres fallen zu lassen, um neue Attraktivität zu spüren und auszustrahlen? Hör auf, schlecht über dich und dein Leben zu reden. Säe eine gute Saat und richte dich mit deinen eigenen Worten nicht selbst zugrunde. Wir können uns alles mögliche selbst einreden – die sinnlosesten Vermutungen und Beschimpfungen – oder aber uns ermutigende Bibelstellen mit Gottes Wahrheiten über uns zusprechen. Unsere Entscheidung – unsere Saat und unsere Ernte.

## Gebet

Beten heißt mit Gott reden. Wir richten Worte (ausgesprochen oder in Gedanken) an unseren

Gott, um mit ihm zu kommunizieren. Die Bibel sagt uns zum Thema „Gebet":

*Das Gebet eines Menschen, der sich nach Gottes Willen richtet, ist wirkungsvoll und bringt viel zustande. Elia war ein Mensch wie wir, und als er Gott im Gebet anflehte, es möge nicht regnen, fiel drei Jahre und sechs Monate lang im ganzen Land kein Regen. Danach betete er erneut, und diesmal ließ der Himmel es regnen, und das Land brachte wieder seine Früchte hervor.*
Jakobus 5,16–18 (NGÜ)

Unsere Gebete haben die Macht, die Lage zu verändern oder eine solche Kraft von unserem himmlischen Vater zu erlangen, dass die unveränderte Situation durchgestanden werden kann. Wir richten unsere Worte immerhin direkt an Gott selbst!

Wir haben allezeit Sprechstunde bei der höchsten Instanz, die es gibt. Dennoch sind viele von uns oft gebetsarm. Wieso nur, wo doch die Saat des Gebets die ungeheuerlichsten Ernten einbringt?

Josua betete und Gott ließ die Sonne einen Tag lang stillstehen (Josua 10,12–13). Gott hielt auf Worte des Gebets hin die ganze Welt auf ihrer Umlaufbahn an Ort und Fleck!

Auf das Gebet von Mose hin ließ Gott sein ungehorsames Volk Israel am Leben, obwohl er beschlossen hatte, es komplett zu vernichten (4. Mose 14,12). Ein kleiner Mensch redete mit dem allerhöchsten Gott, und der hörte auf ihn!

Die ersten Christen beteten, und Engel kamen, um Petrus aus dem Gefängnis zu holen (Apostelgeschichte 12,5–10)!

Gebet ist eine wunderbare Saat, und wenn wir nah bei Gott leben, sein heiliger Wille zu unserem wird und er unser Leben wirklich bestimmen darf, dann dürfen wir sicher sein, dass er auf unsere Gebete reagieren wird.

> Wir haben allezeit Sprechstunde bei der höchsten Instanz, die es gibt.

Vielleicht sagst du: Ja, klar, bei so großen Männern wie Elia, Mose oder Petrus, da reagiert Gott, aber bei mir ...?

Beachte, dass von Elia gesagt wird, dass er „ein Mensch wie wir" war. Ein Mensch wie du und ich. Scheu dich also nicht, Gott um große Dinge zu bitten! Er ist willig und fähig, auf die vertrauensvoll gesetzte Saat des Gebets eine entsprechen Ernte zu schicken.

*Deshalb können wir auch voller Zuversicht sein, dass Gott uns hört, wenn wir ihn um etwas bitten, das seinem Willen entspricht. Und wenn wir wissen,*

*dass er uns bei allem erhört, was wir erbitten, können wir auch sicher sein, dass er uns das Erbetene gibt – so, als hätten wir es schon erhalten.*
1. Johannes 5,14–15 (NGÜ)

# Die Saat
# unseres Verhaltens

Säe ein bestimmtes Verhalten und du erntest eine entsprechende Reaktion. Säe Taten und sie werden früher oder später auf dich zurückfallen.

Fang zum Beispiel als Teenager das Rauchen mit den „coolen" Jungs an, und du erntest irgendwann das, wovor fett gedruckt auf der Zigarettenpackung gewarnt wird: Lungenkrebs oder ein Raucherbein.

Ersauf deine Probleme jedes Wochenende mit einer Flache Wodka und du ertrinkst irgendwann in der Flut namens Alkoholsucht.

Lass dich mit okkulten Spielen und Praktiken auf den Teufel ein und du erntest eine dämonische Belastung.

Lade fleißig illegal Musik und Filme herunter und bestiehl auf diese Weise die Urheber, dann wird man dich irgendwann um den gerechten Lohn deiner Arbeit bringen.

In der Jugendzeit neigt man dazu, alles „nicht so eng" zu sehen und sich vielen Dingen einfach gedankenlos hinzugeben. Viele verkünden dann auch noch stolz: „Siehst du, alles nicht so schlimm!" Doch mit dieser Sicht kann man gewaltig auf die Nase fliegen.

Zwischen Saat und Ernte liegt oft viel Zeit, aber die Ernte kommt auf jeden Fall. Vielen ist nicht klar, dass das, was sie säen, eine langfristige Wirkung, also auch Auswirkungen für die Zukunft, haben kann – und in der Regel auch hat. Es kann sein, dass man Gutes sät und sät und lange keine Ernte sieht, aber im entscheidenden Augenblick ist sie da. Wenn du Hilfsbereitschaft säst, wird man dir helfen, wenn du mal in Not und auf andere angewiesen bist. Wenn du allerdings die Not anderer einfach immer schön ignoriert hast, wird man auch dich ignorieren, wenn du mal an der Reihe bist.

*Wenn dein Mitmensch Hilfe braucht und du ihm helfen kannst, dann weigere dich nicht, es zu tun. Und wenn du ihm sofort helfen kannst, dann sage nicht, er soll morgen wiederkommen.*
Sprüche 3,27–28 (GNB)

# Gelebte Nächstenliebe

Eine Bekannte von mir arbeitete in einem Altenheim. Sie rief mich eines Tages an, weil sie krank war, und bat mich, die Krankschreibung bei ihrem Arbeitgeber abzugeben. Die Bitte um diesen Gefallen kam an einem Morgen und ich war nicht besonders gut drauf. Aber ich willigte ein, die Krankschreibung bei ihr abzuholen und zu ihrer Arbeitsstelle zu bringen. Lust dazu hatte ich keine, und ich fragte mich, ob ich das unbedingt jetzt gleich machen müsste oder ob ich mir nicht vielleicht noch bis zum nächsten Tag Zeit lassen könnte.

Da kam mir ein Gedanke: *Was ist, wenn Gott meine Bitten nicht direkt erhört, wie ich das erbitte, weil ich selbst die Bitten anderer nur allzu gerne auf die lange Bank schiebe?* Mir kam auch die oben zitierte Bibelstelle in den Sinn. Daraufhin erledigte ich die Sache direkt und ohne Widerwillen. Auf der Fahrt nahm ich mir vor, die Bitten und Anfragen anderer um Hilfe nicht mehr leichtsinnig abzuwimmeln oder ihnen mit Unwillen zu begegnen. Mir war klar: Was der Mensch sät, das wird er auch ernten. Das galt auch hier.

*

Was wäre, wenn die Bitten, die du an Gott richtest, noch unbeantwortet sind, weil du selbst die Bitten deiner Mitmenschen nicht ernst nimmst oder einfach ignorierst?

Dein Vater bittet dich mal wieder, deiner Mutter im Haushalt zu helfen. – Wie reagierst du? Welche Saat säst du?

Dein Sitznachbar in der Schule rafft die Aufgabe schon wieder nicht und bittet dich um Hilfe. – Wie reagierst du?

Gott möchte, dass du etwas Bestimmtes tust. – Was machst du?

Unseren besten Freunden schlagen wir in der Regel keine Bitte ab, wenn wir ihnen helfen können, aber was ist mit Personen, denen wir nicht so nahe stehen? Oder was ist, wenn wir gerade keine Lust haben?

Wir sollten aufhören, andere leichtfertig zu vertrösten, wenn wir ihnen doch helfen können, und anfangen, eine neue, eine gute Saat zu säen. Wenn wir selbst ein gravierendes Problem haben, wünschen wir uns doch auch, dass man uns gleich hilft, oder?

Was wäre, wenn die Bitten, die du an Gott richtest, noch unbeantwortet sind, weil du selbst die Bitten deiner Mitmenschen ignorierst?

# Säe Güte
# und ernte Freundschaft

*Wenn du anderen Güte und Liebe erweist, findest du Gegenliebe, Ansehen und ein erfülltes Leben.*
Sprüche 21,21 (GNB)

Fällt es dir schwer, Freunde zu finden? Wenn du diese Frage mit „Ja" beantworten musst: War das schon immer so?

Wahrscheinlich nicht. Im Kindergarten weiß man noch, wie man Freundschaften knüpft. Kinder, auch wenn sie sehr schüchtern sind, haben die natürliche Fähigkeit, ganz unkompliziert Freundschaften zu schließen.

Wie? Ganz einfach indem sie nett zu einem anderen Kind sind. Sie leihen ihm großzügig ihre Schippe aus, obwohl sie dafür am liebsten Süßigkeitenpfand kassieren würden, erlauben ihm einfach mal, mit ihm zusammen Bauklötze zu stapeln, oder fragen, ob der andere mit auf die Rutsche möchte.

Einen meiner besten Freunde kenne ich, seit wir gemeinsam im Kindergarten im Sandkasten gespielt haben. Er fragte mich damals eines Tages, ob ich ihn besuchen wolle, um *Super Nintendo* zu spielen. Das war der Beginn einer wertvollen Freundschaft. Wir sind heute noch Kumpels und ich bin Gott dankbar dafür.

Du wirst staunen: Mit 16 gewinnt man noch auf dieselbe Art und Weise neue Freunde. Erweise anderen Menschen Güte. Tu etwas für sie, mach ihnen eine Freude und sei freundlich.

Schmeiß doch mal eine Lanparty und lade ein paar Leute dazu ein. Erweise ihnen Gastfreundschaft. Wenn du gerne grillst und Lagerfeuer machst, dann findest du hundert pro Gleichgesinnte, die auch Bock haben auf ein wenig Steinzeitfeeling. Vielleicht kannst du auch jemandem Güte erweisen, indem du ihm Nachhilfe gibst, oder du setzt dich für Leute ein, die jünger sind als du.

Freundschaft ist eine Ernte, Freundlichkeit und Güte die Saat.

Wenn du anderen Menschen Güte und Liebe erweist, wirst du auf Gegenliebe stoßen. Es wird nicht unbedingt jeder dein bester Freund, aber die gute Saat ist gesetzt, und sie wird bei einer Person aufgehen, deren Freundschaft dir noch jahrelang etwas bedeuten wird.

Freundschaft ist eine Ernte, Freundlichkeit und Güte die Saat.

# Die Saat in unserem Geldbeutel

Im Alten Testament wurden die Israeliten dazu aufgefordert, den zehnten Teil ihres Besitzes abzugeben. Das Geben des „Zehnten" ist im Neuen Testament nicht mehr bindend, doch irgendwie ist es bezeichnend, dass Gott Maleachi noch auf den letzten Seiten des Alten Testaments die folgende ungewöhnliche Aufforderung aufschreiben lässt:

*Ich, der allmächtige Gott, fordere euch nun auf: Bringt den zehnten Teil eurer Ernte in vollem Umfang zu meinem Tempel, damit in den Vorratsräumen kein Mangel herrscht! Stellt mich doch auf die Probe, und seht, ob ich meine Zusage halte! Denn ich verspreche euch, dass ich dann die Schleusen des Himmels wieder öffne und euch mit allem überreich beschenke.*
Maleachi 3,10 (Hfa)

Auch wenn wir heute nicht mehr zur Abgabe des Zehnten verpflichtet sind, bin ich mir sicher, dass diese Zusage Gottes auch für uns gilt, wenn wir unser Geld und unseren Besitz nicht für uns selbst horten. Er will uns eine reiche Ernte schenken.

Im 2. Korintherbrief beschreibt Paulus ganz deutlich, dass Geld eine Saat ist. Lesen wir mal, was er schreibt:

*Wer sparsam sät, wird auch sparsam ernten. Aber wer reichlich sät, wird auch reichlich ernten. Jeder gebe so viel, wie er sich im Herzen vorgenommen hat – nicht mit Verdruss oder aus Zwang. Gott liebt fröhliche Geber ... Er wird euch so reich machen, dass ihr jederzeit freigiebig sein könnt, was durch uns wieder zum Dank an Gott führt.*
2. Korinther 9,6–7.11

Die Aussage dieser Verse ist so klar, und trotzdem gehört dieser Abschnitt zu denen, deren tiefe Wahrheit die allerwenigsten Christen glauben, geschweige denn überhaupt einmal auf die Probe gestellt haben.

Wenn du Gott im Geben von Geld gehorsam bist, erklärt er die Ernte für Chefsache, und er fordert dich auf, ihn darin auf die Probe zu stellen.

Es klingt seltsam, aber wenn es um das Geben von Geld in Gottes Reich geht, dann musst du ihm nichts glauben, du musst es einfach ausprobieren und schauen, was passiert.

Eigentlich ist der Gedanke lächerlich: Wir sollen herausfinden, ob Gott uns etwas schuldig bleibt. Gott kommt hier dem ungläubigen, vielleicht von Geiz durchsäuerten Herzen großzügig entgegen. Und wenn Gott uns auffordert, ihn in dieser einen Sache zu prüfen, dann sollten wir das auch wagen.

Geld von einem Konto auf ein anderes zu transferieren oder in einen Klingelbeutel zu werfen ist dabei aber immer erst der zweite Schritt. Zuvor ist eine bewusste Willensentscheidung mit einer bestimmten Intention nötig: Ich will geben, weil ... Gott geht es um dein Herz, darum, warum du tust, was du tust, oder warum du etwas unterlässt, was er eigentlich wünscht. Gott will nicht dein Geld, er will einen fröhlichen Geber.

Über Geld redet man nicht gerne, es sei denn, man hat genug davon – das ist bei vielen Christen nicht anders als bei allen anderen auch. Aber die Bibel redet oft über Geld und davon, dass wir eine gebende Haltung haben sollen, und sie macht deutlich, dass Geld eine Saat mit entsprechender Ernte ist:

> Gott hat ein komplett anderes Wirtschaftssystem als das, das wir kennen.

*Mancher teilt mit vollen Händen aus und bekommt doch immer mehr, ein anderer spart über Gebühr und wird doch arm dabei.*
Sprüche 11,24

Wir sollten verstehen, dass Gott ein komplett anderes Wirtschaftssystem hat als das, das wir kennen. In der Welt regiert die Habgier, und die sagt: Je mehr du weggibst, desto weniger hast du selbst. Folglich sind wir alle von Natur aus Weltmeister darin, wenig bis gar kein Geld freiwillig abzugeben. Wir wollen ja schließlich selbst keinen Mangel haben. Aber Gottes Finanzwelt funktioniert eben genau anders herum: Je mehr du gibst, desto mehr hast du selbst *(„Wer reichlich sät, wird reichlich ernten ...")*.

Doch es geht nicht darum, zähneknirschend zu spenden, einfach weil Gott es nun einmal will. Damit diese Saat auch wirklich keimt und aufgehen kann, muss sie mit Liebe und edlem Motiv eingesät werden. Erst dann bringt sie eine entsprechende Ernte.

Wenn du jetzt dein Geld weggibst, nur um selbst mehr zu haben, dann wird das schiefgehen. Nur aus einem Pflichtgefühl oder gar aus einem frommen Zwang heraus zu geben wird dir gar nichts einbringen. Deine Gemeinde oder wer auch immer der Empfänger deines Geldsegens ist – wird sich freuen, aber es ist eine tote Saat für dich selbst.

Gott will uns motivieren, gerne zu geben. Mit großer Freude sollen wir Geld für seine Sache investieren, dann belohnt er uns entsprechend der Menge unserer Saat. Wenn du in finanzieller

Freiheit leben willst, dann lass Gott dein Versorger sein: Gib ihm dein Geld *und* dein Herz.

*

Hier ein Vorschlag: Säe zwölfmal im Jahr zehn Prozent von deinem Einkommen. Egal, ob du nur ein bescheidenes Taschengeld hast, hin und wieder jobben gehst oder bereits vernünftig Geld verdienst. Die Menge an Geld spielt gar keine Rolle; es geht um deine Einstellung beim Geben und darum, ob du die Probe aufs Exempel machst.

Gib ein Jahr lang treu den Zehnten, und spende darüber hinaus noch, wenn Gott es dir aufs Herz legt. Du wirst möglicherweise schnell in finanzielle Engpässe kommen, aber das ist gut! Du wirst nie erleben, ob Gott dich ausreichend versorgt, wenn du es nie drauf ankommen lässt. Wenn du anfängst, zehn Prozent von deinem Geld wegzugeben, dann wirst du einen Gott brauchen, der sich um deine Finanzen kümmert. Viele erleben das nicht, weil sie sich weigern zu säen.

Sende am besten am Anfang jedes Monats den entsprechenden Betrag in Gottes „Vorratshaus", das ist die Gemeinde, der du angehörst. Nach einem Jahr kannst du Bilanz ziehen – also dir die Ernte ansehen. Schau, ob Gott dir noch etwas „schuldet" und ob es dir besser oder schlechter geht. Vielleicht hast du nicht unbedingt mehr Geld – sicherlich aber auch nicht zu wenig, und ganz bestimmt wird Gott dir die Ernte dann in anderer Form zukommen lassen. Du wirst in jedem Fall feststellen, dass Gott treu ist und sich von niemandem etwas schenken lässt. Du kannst ihn von seiner großzügigsten Seite kennenlernen, aber du musst anfangen zu säen.

Alternativ kannst du sein Versorgungsangebot natürlich auch in den Wind schlagen, aber dann musst du selbst dein Geld und deinen Besitz gegen die Stürme der Habgier, Inflation und Wirtschaftskrisen verteidigen.

Wenn du auf Gottes Bank einzahlst, dann versorgt er dich nicht nur gut mit Geld und materiellen Gütern, er schenkt dir auch in besonderer Weise seine Liebe: *„Gott liebt fröhliche Geber"* (2. Korinther 9,7). In keiner anderen Stelle der Bibel wird Gottes Liebe mit einer bestimmten Handlung von uns Menschen in Verbindung gebracht. Niemand kann sich Gottes grundlegende Liebe und Gnade verdienen, aber du kannst sie durch Gehorsam im Geben auf besondere Art und Weise erleben. Gott liebt es, wenn wir großzügig und mit Freude Geld weggeben, und das lässt er auch jeden spüren, der es tut. Wer anfängt, den Zehnten und Opfer zu geben, will gar nicht mehr damit aufhören, weil Gottes Liebe unbezahlbare Zinsen sind.

Vielleicht fragst du dich, ob du es dir leisten kannst, den Zehnten zu geben und großzügig zu sein.

Ja, du kannst! In Wirklichkeit kannst du es dir eigentlich nicht leisten, ihn *nicht* zu geben. Denn du verpasst es, eine gute Saat zu säen, deren Ernte unter Gottes Obhut heranwächst, und er gibt die besten Zinsen der Welt. Finde selbst heraus, ob das wirklich stimmt.

# Fremde Saat

Wir haben weiter oben bereits festgestellt: Nicht immer ist derjenige, der sät, auch derjenige, der die Ernte einfährt. So wie das, was du säst, auch schon mal von anderen geerntet wird, so musst auch du manchmal das ernten, was andere in deinem Leben ausgesät haben – ob es nun eine gute oder eine schlechte Saat ist ...

*

Nach meinem Abitur machte ich neun Monate Zivildienst an einer Förderschule. Jeder Zivi musste für einen Lehrgang über mehrere Tage nach Wetzlar in die „Zivischule". Ich fuhr also dorthin und nahm an den verschiedenen

Veranstaltungen teil. Um es den Lehrern leichter zu machen, sollten wir uns alle Namensschilder basteln.

An einem Tag fehlte unser Lehrer und wir wurden einer anderen Gruppe zugeteilt. Ich kam in den Raum, nahm Platz und ließ meinen Blick über die einzelnen Namensschilder wandern. Vor einem mit dem Kopf auf dem Tisch liegenden Typen stand: „Niemand". Ich bezweifle stark, dass er wirklich so mit Vornamen hieß; es war wohl mehr ein Witz. Das Traurige ist aber: Viele Jugendliche tragen dasselbe Namensschild, dasselbe Label: „Ich bin ein Niemand." Sie schleppen so ein Schild vor sich her und machen auch einen entsprechenden Eindruck: unsicher, ohne Selbstvertrauen. Mit gebückter Haltung und gesenktem Blick schlendern sie mehr schlecht als recht durchs Leben.

Ein Label ist eine Saat, die wir nicht selbst säen; jemand anders hat sie in uns gesät. Zumeist sind das die Eltern, sogenannte Freunde, Lehrer oder Leute aus unserem Dorf. Diese

> Manchmal musst du das ernten, was andere in deinem Leben ausgesät haben.

Saat besteht aus Worten, die sie über uns sagen – immer und immer wieder –, oder auch aus Botschaften, die sie uns nonverbal (also ohne Worte) vermitteln.

Wir nehmen dann ihre Meinung über uns ungefiltert auf und nehmen uns ihr Label zu Herzen. Und die Ernte? Die finden wir in unserem Denken über uns selbst und in unserem Verhalten. Wir verhalten uns entsprechend unserem Label und lassen uns auch so behandeln.

Vielleicht haben deine Eltern in dein Kinderherz immer wieder Worte wie die folgenden gesät: „Was hast du jetzt schon wieder angestellt? Kannst du dich auch mal anstrengen und *keinen* Mist machen? Was soll aus dir bloß mal werden?"

*Label: Nichtsnutz.*

*Ernte: Minderwertigkeitsgefühle, Erfolglosigkeit in der Schule.*

Vielleicht haben die Kinder aus deinem Dorf dich früher gehänselt, weil du ein körperliches Manko hattest oder weil ein paar Typen dich einfach nicht leiden konnten: „Du bist fett und hässlich!"

*Label: das hässliche Entlein*

*Ernte: Unsicherheit und Misstrauen im Umgang mit anderen Menschen sowie Probleme mit der Selbstannahme.*

Oder deine Sportkameraden hatten nichts als Spott für dich übrig: „Du bist der letzte Vollidiot, du kannst nichts!"

*Label: Loser*

*Ernte: Fehlendes Selbstbewusstsein, Probleme, die eigenen Stärken und Begabungen anzuerkennen, oder aber der starke Drang, sich immer und überall beweisen zu müssen.*

Wie gesagt: Nicht immer entstehen Labels durch konkrete Vorwürfe oder Beleidigungen. Manchmal sind es auch unterschwellige Botschaften, die zu Labels werden können. Ein Beispiel:

Ein Freund von mir rief mich an, um seinen Unmut über seine Mutter bei mir auszulassen. Er hatte sie gebeten, ihm zu helfen, ein paar Tische ins Obergeschoss zu tragen, da er eine Lanparty veranstalten wollte und sein Vater noch nicht zu Hause war, um ihm zu helfen.

Mein Freund war richtig aufgebracht. Es ging ihm eigentlich gar nicht um die Tische, sondern um die Kommentare seiner Mutter. Sie half ihm zwar, gab ihm aber bei jeder Treppenstufe eindeutig zu verstehen, dass das alles unsinnig sei. Er solle auf seinen Vater warten und überhaupt: „Muss das denn sein? Warum brauchst du die Tische? Kannst du nicht andere Tische nehmen?"

Natürlich kann man jetzt sagen, dass man seine Muter keine schweren Tische tragen lassen sollte und dass es durchaus verständlich ist, dass sie sich gewünscht hätte, mein Freund hätte auf die Rückkehr seines kräftigen Vaters gewartet. Aber das ist nicht der Punkt. Der Punkt ist der, dass mein Freund einfach das Gefühl hatte, dass seine Mutter grundsätzlich alles infrage stellte, was er machte. Wie er mir sagte, reagierten seine Eltern seit seiner jüngsten Kindheit auf seine Bitten und Anfragen mit verbaler Ablehnung. „Muss das jetzt sein?" – „Brauchst du das wirklich?" – „Dabei kann ich dir auch nicht helfen."

Was suggerieren solche Aussagen? – „Nerv uns nicht." – „Sieh zu wie du alleine klarkommst." – „Du kannst nicht dauernd andere um Hilfe bitten." – „Du machst uns Mühe für nichts."

Mein Freund ist jetzt 23 Jahre alt und weiß, dass seine Eltern im Grunde hinter ihm stehen, aber aus ihren Worten kann er das nicht ableiten.

Was haben die Botschaften, die er empfangen hat, mit ihm gemacht?

Er hat es mir gesagt: „Kein Wunder, dass ich bei einem achtstündigen Geschäftsmeeting meinen Mund nicht aufmache, selbst wenn ich eine gute Idee habe und das gerne sagen würde. Kein Wunder, dass ich mich sehr schwertue, auf andere Personen zuzugehen oder andere um etwas zu bitten. Kein Wunder, dass ich ..."

Seine Eltern haben, ohne es zu wissen, mit ihren vorwurfsvollen Worten ein Verhaltensmuster gesät. Die Ernte schleppt mein Freund heute noch mit sich herum – und sie belastet ihn.

*

Was haben deine Eltern dir mit Worten „eingetrichtert"? Haben sie dir das Gefühl gegeben, nie gut genug zu sein? Hat dein Vater dir jede Anerkennung verweigert und dich mit Desinteresse oder Passivität gestraft? Hat deine Mutter ständig an dir herumgenörgelt?

Natürlich säen viele Eltern auch eine hervorragende Saat mit ihren Worten. Wenn deine Eltern dich oft mit Lob überschüttet haben, sie stolz auf dich waren, wenn du gute Leistungen gebracht hast oder sie dir einfach immer wieder gesagt haben, dass sie dich lieben, dann kannst du froh und dankbar sein. So eine Saat führt zu einem gesunden Selbstvertrauen; die ganze Persönlichkeit kann aufblühen.

*

Wir alle haben das eine oder andere Label abbekommen, besonders in der Kindheit. Andere Leute haben uns gesagt, wer wir angeblich sind. Sie haben in unser Herz eine Saat gesetzt, und wir tragen heute eine entsprechende Ernte mit uns herum, geschrieben auf das Namensschild unseres Verhaltens und Charakters.

55

Mit der Zeit lernen wir auch, uns selbst mit Labels zu betiteln. „Mr Niemand" hat seinen Namen immerhin selbst auf sein Schild geschrieben! Und so schreiben wir uns auch oft mit der Zeit die hässlichsten Namen auf unser Selbstbild. (Erinnerst du dich noch an die Selbstgespräche beim Tischtennis, von denen ich weiter oben berichtet habe?) Sie klingen nicht wie klassische Namen, es sind vielmehr Dinge, die wir über uns selbst denken:

» „Du kannst nichts! War ja wieder klar, dass du es versaut hast."
» „Ich schaff das einfach nicht; ich bin zu dumm dafür."
» „Ich werde nie meinen Traumberuf erlernen, ich sollte aufhören herumzuträumen."
» „Ich versteh schon, warum die anderen mich mobben und ausgrenzen."
» „Ich bin talentfrei, habe keine Gaben und besonderen Fähigkeiten."
» „Ich bin einfach nicht hübsch und begehrenswert genug."

Wenn du negative Labels, die andere dir geben, übernimmst, setzt du die schlechte Saat und damit das entsprechende Ernteergebnis fort.

# Mit negativen Labels brechen

Die Bibel berichtet in 1. Chronik 4,9–10 von einem Mann, der ein schreckliches Label von seiner Mutter bekommen hatte, und zwar bereits bei seiner Geburt. Sein Label wurde sogar direkt zu seinem Namen:

*Ein Mann namens Jabez war der angesehenste unter seinen Brüdern. Bei seiner Geburt hatte seine Mutter gesagt: „Ich habe ihn mit Schmerzen geboren", und deshalb hatte sie ihn Jabez genannt.*

Weiter steht da:

*Jabez rief den Gott Israels an und sagte: „Segne mich und erweitere mein Gebiet! Steh mir bei und halte Unglück und Schmerz von mir fern!" Diese Bitte erhörte Gott.*

Aus diesem Jabez hätte ein absoluter Versager werden können. Er bekam in jedem Gespräch, in dem sein Name fiel, unter die Nase gehalten: „Er macht Schmerzen" (das ist die wörtliche Übersetzung des Namens Jabez).

Seine Mutter hatte eine schreckliche Saat gesetzt, aber Jabez nahm das nicht hin. Anstatt sich bei seiner Mutter für das niederschmetternde

Label zu beschweren, machte er etwas anderes: Er wandte sich an Gott.

Es bringt nichts, die eigenen Eltern für die von ihnen gesetzte Saat zu verurteilen, sie dafür zu hassen oder ihnen ihre Fehler in der Erziehung ein Leben lang vorzuhalten. Ja, womöglich haben dir deine Eltern oder andere Personen mit ihren Worten vieles angetan, aber wenn du sie immer wieder für alles verantwortlich machst, verpasst du die Chance, eine neue Saat zu säen.

Wenn du ein Label oder eine andere schlechte Saat in etwas Gutes umkehren willst, dann wende dich an Gott. Jabez betete: „Halte Schmerz von mir fern!" Damit bat er Gott nicht, leicht durchs Leben kommen zu können; er wollte von Gott ein neues, gutes Label haben. Sein Name war „Schmerz" und Gott sollte diesen von ihm fernhalten. Er wollte eine neue Identität von Gott; von seiner Mutter hatte er bereits eine bekommen.

> Wenn du ein Label oder eine andere schlechte Saat in etwas Gutes umkehren willst, dann wende dich an Gott.

Wir lesen in der Bibel: „Diese Bitte erhörte Gott." Warum hat Gott sie erhört? Weil er es liebt, uns von schlechter Ernte zu befreien und uns zu segnen.

Was immer dein Label ist, was auch immer dich belastet und wütend macht, du kannst damit brechen. Nicht alleine, aber mit Gottes Hilfe. Bete doch selbst wie Jabez! Sag Gott, was deine negativen Labels sind, und bitte ihn, sie dir vom Leib zu halten und dich stattdessen überreich zu segnen. Gott erhört dieses Gebet heute wie damals.

Wie ging die Geschichte mit dem einstigen Mann der Schmerzen aus? Er wurde der Angesehenste unter seinen Brüdern. Aus ihm ist wirklich etwas geworden, gemäß seinem Gebet. Er säte neue Worte voller Hoffnung, und Gott sorgte für eine neue, gute Ernte.

*

Welches Label hat man dir gegeben, das du irgendwann übernommen hast?

Du solltest dich unbedingt auf die unbequeme und unter Umständen tränenreiche Suche danach machen. Viele legen ein negatives Label von ihren Eltern oder Klassenkameraden nie mehr ab. Sie haben es ihnen einfach abgekauft und die Ernte als ihre eigene akzeptiert.

Du hast nur ein Leben, und das ist zu schade, um es unter einem Label zu leben, das du nicht verdient hast. Jesus kennt deinen wirklichen Namen, deine wahre Identität. Er weiß, wer du wirklich bist und was in dir steckt. Durch ihn darfst du Gottes Sohn oder Tochter sein. Was für ein Label!

Bring deine schlechten Labels zu Jesus, rede mit ihm darüber; er kann dich befreien von dieser schlechten Ernte und dir deine wahre Identität als Samen in dein Herz geben. Seine Gedanken über dich sind ausschließlich gut; deshalb kannst du auch lernen, selbst gut über dich zu denken.

## Eine neue Saat säen

Ich möchte dich ermutigen zu einer neuen Saat. Du kannst mit Gott über deine Vergangenheit, deine Eltern, deine Schulzeit oder die Hänseleien reden, und dabei musst du vor Gott keine Maske aufziehen. Wir alle wollen stark sein, aber ein negatives Label ist eine traurige Sache.

Womöglich hat Jabez sein Gebet unter Tränen gestammelt. Womöglich war tiefe Abneigung gegen seine Mutter in seinem Herzen, als er daran dachte, wie der Name, den sie ihm gegeben hatte, sein Leben ruiniert hatte.

Stell ihn dir auf dem Schulhof vor, wie die Schulrowdys auf ihn zu marschieren, ihn packen und sagen: „Du heißt doch ‚Schmerzen‘, dann gewöhn dich mal dran!", und ihn dann verprügeln.

Stell dir vor, wie er ohne ein Fünkchen Selbstvertrauen im Schulbus sitzt und gehänselt wird.

Jabez bat Gott um ein neues Leben, ein neues Label. Er gab seinen Schmerz an Gott ab – wie gesagt: womöglich unter Tränen ...

*Wer mit Tränen sät, wird mit Freuden ernten. Weinend gehen sie hin und streuen die Saat aus, jubelnd kommen sie heim und tragen ihre Garben.*
Psalm 126, 5–6 (GNB)

Auch wenn wir alle stark sein wollen, bei Gott können wir uns ausheulen, falls nötig, und diese Tränen werden dann zu exzellentem Dünger für eine neue Saat, die unter größten Freuden abgeerntet wird.

# "Die Vollendung"

Es gibt noch eine Saat, die über das Leben hier auf der Erde hinausgeht. Diese führt zur allerletzten Ernte, deshalb nenne ich sie mal „Die Vollendung". Von dieser Saat ist in 1. Korinther 15,35–49 die Rede:

*Es wird aber jemand fragen: „Wie werden denn die Toten auferweckt, und was für einen Körper werden sie dann haben?"*

*Wie töricht! Was du säst, muss doch erst sterben, damit es lebendig wird. Du säst doch nicht die Pflanze, die erst entstehen soll, sondern ein nacktes Weizenkorn oder irgendeinen anderen Samen. Gott gibt ihm dann eine neue Gestalt.*

*Jede Samenart wird so eine andere Pflanze. Nicht jedes Fleisch hat die gleiche Beschaffenheit. Das Fleisch der Menschen ist anders als das des Viehs, der Vögel und der Fische. Dann gibt es himmlische und irdische Körper. Die Himmelskörper haben eine andere Schönheit als die Körper auf der Erde. Der Glanz der Sonne ist anders als der des Mondes und der von den Sternen. Auch die Sterne selbst unterscheiden sich in ihrer Helligkeit.*

*So ähnlich könnt ihr euch die Auferstehung von den Toten vorstellen: Was in die Erde gelegt wird, ist vergänglich, was auferweckt wird, unvergänglich. Was in die Erde gelegt wird, ist armselig, was auferweckt wird, voll Herrlichkeit. Was in die Erde gelegt wird, ist hinfällig, was auferweckt wird, voller Kraft. Was in die Erde gelegt wird, ist ein natürlicher Leib, was auferweckt wird, ein himmlischer Leib.*

*Wenn es einen natürlichen Leib, einen der Seele entsprechenden Körper gibt, muss es auch einen himmlischen Leib, einen dem Geist entsprechenden Körper geben. So steht es auch geschrieben: „Der erste Mensch, Adam, wurde zu einer lebendigen Seele." Der letzte Adam jedoch wurde zu einem lebendig machenden Geist. Doch das Geistliche war nicht zuerst da. Zuerst kam das von der Seele bestimmte Leben und dann erst das vom*

*Geist bestimmte. Der erste Mensch stammt von der Erde, vom Staub, der zweite Mensch vom Himmel. Wie der Irdische beschaffen war, so sind auch die irdischen Menschen beschaffen; und wie der Himmlische beschaffen ist, so werden auch die himmlischen Menschen beschaffen sein. Und so, wie wir jetzt dem gleichen, der von der Erde genommen wurde, werden wir künftig dem gleichen, der vom Himmel ist.*

Das ist die Vollendung. Es wird der Tag kommen, an dem Gott selbst alle schlechte Ernte, die durch die Sünde in die Welt gekommen ist, vernichtet und durch seine eigene herrliche, unbeschreiblich Ernte ersetzt.

**Für die letzte Ernte hat Gott selbst alles getan.**

Die Kinder Gottes werden einen neuen Körper bekommen, ein neues, heiliges Gewand, die Krone des Lebens und ein neues, umwerfendes Zuhause. Keine Tränen mehr, kein Schmerz, kein Makel. Alles perfekt in der Gegenwart eines perfekten Gottes.

Für diese letzte Ernte hat Gott selbst alles getan. Wir haben keine Saat gesetzt, durch die wir uns den Himmel verdient hätten. Unsere eigene Ernte würde dazu nie ausreichen. Jesus ist gestorben, um eine neue Saat zu setzen, und die Ernte ist unsere Erlösung – die Vollendung des

Menschen, so wie er immer sein sollte. Das ist der „Güte-Faktor" bei der ganzen Sache. Wir müssen diese Tatsache nur für uns annehmen.

Das Wunderbare ist, dass Gottes Güte bereits hier und jetzt wirksam ist. Gott hilft uns grundlegend, indem er selbst unser größtes Problem löst: die Sünde und den Trieb zur Sünde, der immer eine schlechte Ernte produziert.

*Ich gebe euch ein neues Herz und einen neuen Geist. Ich nehme das versteinerte Herz aus eurer Brust und schenke euch ein Herz, das lebt. Ich erfülle euch mit meinem Geist und mache aus euch Menschen, die nach meinen Ordnungen leben, die auf meine Gebote achten und sie befolgen. ... Ich sorge dafür, dass ihr nicht mehr unter den Folgen eurer unreinen Taten leiden müsst.*
Hesekiel 36,26–27.29 (GNB)

Wenn es jetzt darum geht, wie man neue, gute Saat aussät, um eine neue Ernte einzufahren, dann ist die Basis die, dass Gott uns willig und fähig macht. Er hat uns seinen Heiligen Geist gegeben, der unsere Hilfe ist und uns ganz ausfüllen will. Wenn das passiert, kommt automatisch eine neue, himmlische Ernte. Er hat uns bereits ein neues Herz gegeben, das Nährboden für ein gutes, heiliges Leben ist. Bevor wir selbst etwas verändern, müssen wir erkennen, dass Gott durch Jesus die Folgen unserer unreinen Taten abgewendet hat.

# Noch was zum Schluss ...

Ein Bauer weiß, dass er zuerst pflügen muss, wenn er eine neue Saat setzen will. Mit einem Pflug lockert und wendet er den Ackerboden zur Vorbereitung für das neue Saatgut.

Wir müssen ebenfalls die Hand an den Pflug legen und den Grund – unser Leben – wenden, um eine neue Ernte effektiv heranwachsen zu sehen.

Wenn man einfach versucht, in die aktuelle Ernte ein paar neue Samenkörner einzusetzen, werden die nicht aufgehen. Wenn man versucht, die bestehende Ernte zu beschneiden, dann geht sie trotzdem erneut auf. Das ist wie mit dem Haareschneiden. Bleibt die Haarwurzel in der Kopfhaut, sprießen die Locken immer wieder neu. Haare schneiden – sie wachsen nach, Haare schneiden – sie wachsen nach ...

Du musst den Ackerboden deiner Gedanken durchpflügen, erst dann kann eine neue Saat effektiv heranwachsen – auch in deinen Worten und in deinem Verhalten.

Wie könnte das aussehen?

Der erste Schritt ist, sich die schlechte Saat von Gott zeigen zu lassen. Vieles ist uns nicht bewusst, so manches liegt schon lange zurück und wir erkennen auch nicht immer die wahre Ursache eines Problems. König David betete einmal, Gott solle ihm seine „verborgenen Sünden" vergeben. David erkannte, dass sich unter der Oberfläche des Bewusstseins eine Menge Unrat versteckt hält, der Auswirkungen hat. Eine verborgene Saat. Wir sollten uns daran ein Beispiel nehmen und Gott bitten, unsere verborgenen Sünden und Saatkörner aufzuzeigen. Er möchte dir vergeben und dir nur zu gerne zeigen, wo du pflügen musst. Er ist der Herr der neuen, guten Ernte.

Schritt zwei besteht darin, Jesus über unsere Gedanken Herr sein zu lassen. Das bedeutet, dass er der Filter ist, durch den alle Gedanken gehen, bevor wir sie als „unsere Gedanken" akzeptieren und weiterdenken.

Wenn du nicht weißt, wie ein Gedanke zu bewerten ist, dann kannst du Jesus fragen. Wenn du das wirklich machst und zu einer guten Gewohnheit werden lässt, dann wird sich in deinem Leben mit der Zeit vieles zum Guten wenden.

Ich bete oft: „Herr, was denkst du über das, was ich gerade denke?" Er antwortet mir dann für gewöhnlich durch eine Bibelstelle, die mir in den Sinn kommt, durch einen Satz aus einer Predigt, durch mein Gewissen oder er spricht direkt in meine Gedanken.

Jesus will auch dir helfen, schlechte Gedanken zu erkennen und entschieden von dir zu weisen, aber du musst dich in deinen Gedanken auch mit ihm beschäftigen – nicht nur am Sonntag, sondern beständig.

Lass dir nichts mehr unwissend oder aus Bequemlichkeit heraus unterjubeln! Mehr als auf alles andere, mehr als auf deinen Körper, deine Beziehungen, deine Klamotten, mehr als auf dein Geld, deine Laune oder dein Haustier, achte auf deine Gedanken! Sie sind dein Leben ... oder dein Verderben. Du bist heute, was du gestern gedacht hast. Was du morgen sein willst, solltest du heute mit Gottes Hilfe anfangen zu säen. Übernimm Verantwortung für dein Denken, und filtere Gedanken aus, die sündenverseucht sind.

Denk daran: Bei Weitem nicht jeder Gedanke kommt von dir! Viele Gedanken sind „Anfragen" des Teufels, und wenn du ihnen aktiv widerstehst, dann werden sie nachlassen. Mach Gottes Gedanken über dich, deine Probleme und andere Menschen zu deinen Gedanken. Zerschlage mit dem Hammer, der sich Wort Gottes nennt, jeden negativen Gedanken, der sich zu einem festen Gedankengebäude aufgebaut hat:

*Ich setze nicht die Waffen dieser Welt ein, sondern die Waffen Gottes. Sie sind mächtig genug, jede Festung zu zerstören, jedes menschliche Gedankengebäude niederzureißen, einfach alles zu vernichten, was sich stolz gegen Gott und seine Wahrheit erhebt. Alles menschliche Denken nehmen wir gefangen und unterstellen es Christus, weil wir ihm gehorchen wollen.*
2. Korinther 10,4–5 (Hfa)

Wir müssen anfangen, unsere Gedanken in ihre Schranken zu weisen. Alle Gedanken, die sich gegen Gott richten, Stolz säen wollen oder im Widerspruch zu der Bibel stehen, legen wir in Ketten und stoßen sie von uns ab.

Ja, das bedeutet harte, geistige Arbeit: Wir laufen nicht mehr kopflos in der Gegend herum, sondern fangen an, wirklich nachzudenken,

Gedanken zu prüfen, bisherige Meinungen zu hinterfragen und durch Gottes Wahrheit zu ersetzen. Aber diese Arbeit wird uns niemand abnehmen.

Das heißt: Doch, die wird uns jemand abnehmen, wenn wir es zulassen; zum Beispiel die Medien, Irrlehrer oder der Teufel, der Gedanken sät. Aber die entsprechende Ernte will keiner haben.

Selbst zu denken, also deine Gedanken zu beherrschen und sie Jesus zu unterstellen, ist das Wichtigste, was du im Leben lernen kannst. Je früher, desto segensreicher für dich und andere. Gedanken sind das eigentliche Schlachtfeld von Gut und Böse. Der Heilige Geist Gottes und der Teufel wetteifern um deine Gedanken. Wessen Gedanken du weiterdenkst, dessen Ernte fährst du nach und nach ein.

> Der Heilige Geist Gottes und der Teufel wetteifern um deine Gedanken.

Die Gedanken von Gottes heiligem Geist bewirken Liebe, Freude, Frieden, Geduld, Freundlichkeit, Güte, Treue, Rücksichtnahme und Selbstbeherrschung (Galater 5,22). Die Gedanken des Feindes bewirken Folgendes: Sie stehlen dir und anderen massiv die Lebensqualität. Die Gedanken des Teufels trennen dich vom wahren Leben und stürzen dich ins Verderben, wenn du sie nicht gefangen nimmst und abweist.

Überlass dem Feind nicht mehr kampflos das Schlachtfeld deiner Gedanken. Dass schlechte Gedanken kommen, ist nicht deine Schuld. Aber es ist deine Verantwortung, sie zu prüfen und zu entscheiden, ob du sie weiterdenkst.

Wenn du Gedanken als schlecht erkennst, dann weise sie von dir. Lass dir keine Gedanken mehr einfach so als deine eigenen verkaufen, und fülle deinen Kopf mit Gottes Gedanken über dich, die in seinem Wort stehen.

Es gibt keine mächtigeren, treffsichereren Worte als göttliche Worte. Sie stehen in der Bibel. Wenn du in deinem Leben oder im Leben anderer etwas verändern willst, dann sprich göttliche Worte aus. Mach dir Gottes Verheißungen über deine Situation zu eigen, und die Situation muss sich Gottes mächtigem Wort anpassen. Sie wird es vielleicht nicht direkt tun, womöglich noch nicht einmal so, wie du dir das vorstellst, aber sie wird.

Du fühlst dich vielleicht wie ein Versager und Weichei, aber du sagst nicht: „Ich bin ein Loser“, sondern: „... durch dich (Gott) bin ich stark!“ (Psalm 18,2; GNB).

Durch Jesus haben wir die besten und wertvollsten Zusagen und Verheißungen. Wir müssen sie aber glauben und mit unserem eigenen Mund bekennen und im wahrsten Sinne des Wortes Ja und Amen dazu sagen. Für dich könnte das Folgendes bedeuten:

Ich streiche das Wort „unmöglich" aus meinem Wortschatz; es ist eine Lüge. Gott hat gesagt, dass nichts unmöglich ist, wenn ich glaube (siehe Markus 9,23).

Es gibt keine Probleme, nur Herausforderungen, an denen ich wachsen kann. Ich höre auf, schlecht über meine eigene Zukunft zu reden, und spreche stattdessen immer wieder aus, dass Gott mich leiten will, wohin ich auch gehe (Psalm 16,11; Psalm 25,4).

Ich höre auf, mich und andere mit Worten runterzuziehen oder geringzuachten. Anstatt über andere zu lästern, bete ich für sie oder halte einfach meinen Mund (Sprüche 11,12). Anstatt meinen Eltern permanent Widerworte oder Frechheiten an den Kopf zu werfen, danke ich Gott, dass ich im Kern gute Eltern habe (Sprüche 6,21). Anstatt morgens schon über den Tag zu fluchen und mit Stöhnen das Wochenende herbeizusehnen, sage ich mir ab sofort, dass heute ein guter Tag ist, den der Herr gemacht hat (Psalm 118,24).

*Lern, Gottes Worte ganz praktisch zu deinen eigenen zu machen.*

Anstatt die Lügen des Teufels zu zitieren, spreche ich Gottes gute Verheißungen immer wieder aus.

Lerne auch du, Gottes Worte ganz praktisch zu deinen eigenen zu machen. Schreibe sie auf Karteikarten und lerne sie wie Vokabeln, lass dir Gottes Wort nicht aus dem Sinn und den Augen kommen! Sie sind der Weg zum wahren Leben.

Ich mache das zum Beispiel so: Ich habe mir alle möglichen Bibelstellen, die Verheißungen beinhalten, auf DIN-A4-Blätter aufgeschrieben. Dabei muss man schauen, dass man die Bedingungen, die einer Verheißung unter Umständen zugrunde liegen, mit aufschreibt, und sich immer wieder fragen, ob man diese auch erfüllt, sonst gilt die Verheißung einem nicht.

Ich habe mittlerweile mehrere Blätter in einem Schnellhefter vollgeschrieben; den schlage ich morgens beim Aufstehen auf und zitiere Gottes Wort. Es gibt keinen besseren Start in einen Tag als mit einem guten Kaffee und Gottes aufbauenden Versprechen. Ich denke dann darüber nach und danke für die kostbaren Verheißungen. Der Morgen ist die beste Zeit zum Säen von Gottes Wort.

Dann habe ich auch viele Bibelstellen auf Karteikarten aufgeschrieben, die ich in meiner Hosentasche meistens bei mir habe. Am Tag hole ich diese immer mal wieder raus und lese sie oder spreche sie auch laut aus, wenn ich alleine bin.

Du hast in diesem Buch bereits einige Verheißungen und Zusagen Gottes gelesen. Aber sie nur
zu lesen reicht bei Weitem nicht. Verheißungen
sind dazu da, geglaubt und erprobt zu werden.
Diese „Arbeit" kann dir niemand abnehmen, und
doch ist ihr Lohn unbeschreiblich. Wenn dich dann
feindliche Gedanken bestürmen oder Sünde dich
verführen will, dann kannst du wie Jesus, der in
der Wüste versucht wurde, sagen: „Moment mal!
Gott hat aber etwas anderes gesagt ...!"

## Beharrlichkeit ist der Schlüssel zum Erfolg

*Lasst uns aber im Gutestun nicht müde werden!*
*Denn zur bestimmten Zeit werden wir ernten,*
*wenn wir nicht ermatten.*
Galater 6,9 (NGÜ)

Kennst du das? Man betet für eine bestimmte Sache und betet und betet und betet. Dann kommt
der Punkt, an dem man des Betens müde ist. Man
hat keinen Bock mehr, würde am liebsten aufgeben und spielt mit dem Gedanken, dass das doch
alles sinnlos ist.

Wenn in deinem Leben etwas Neues und Gutes wachsen soll, dann musst du manchmal einfach weitermachen, die gute Saat zu säen. Trotz Müdigkeitserscheinungen, Zweifeln, die sich einschleichen wollen, oder Ungeduld. Wenn wir nicht aufgeben, bringen wir die Ernte zur bestimmten Zeit ein. Viele Leute geben viel zu schnell auf. Sie säen etwas, sehen dann aber nicht direkt eine entsprechende Auswirkung, und dann sagen sie sich, das sei alles Unsinn, und fangen wieder an, auf den Zufall zu vertrauen oder über ihr Schicksal zu schimpfen.

Albert Einstein hat einmal gesagt, dass Holzhacken so beliebt sei, weil man den Erfolg sofort sähe. Wir alle lieben es, schnell gute Resultate zu erzielen, aber es fällt uns schwer, zu vertrauen, dass die unscheinbare Saat nach und nach heranwachsen wird.

Die aktuelle Ernte – also du, wie du jetzt bist, dich verhältst, viele deiner Umstände und dein Charakter – ist nicht einfach so über Nacht entstanden. Diese Dinge wurden über einen langen Zeitraum gesät, auch wenn du von vielem nicht direkt etwas mitbekommen hast, weil es dir nicht bewusst war. Gerade ein Charakter festigt sich durch jahrelanges Trainieren von Denkmustern.

Nachdem wir das Feld in unseren Gedanken gepflügt haben, müssen wir einfach bereit sein, mit derselben Ausdauer Gutes zu säen, mit der wir oder andere das Schlechte gesät haben. Speziell was deinen Charakter angeht, gibt es keine Abkürzung. Beharrlichkeit ist der Schlüssel zum Erfolg. Sportler, die für die Olympiade trainieren, wissen das; sie sind bereit, mindestens vier Jahre (und noch viel länger) zu säen, und das mit großer Intensität und Anstrengung.

Wir dürfen nicht aufhören zu säen, auch wenn wir wie ein Olympiateilnehmer viele Jahre keine Ernte zu Gesicht bekommen sollten. Die gute Ernte taucht dann auf, wenn die von Gott bestimmte Wachstums- und Reifezeit vollendet ist.

Werde jetzt ein Bauer, denn die Jugend ist die Zeit der großen Aussaat! Dann wartet auf dich ein reicher Ertrag am Ährentag!

Jonathan Lommel

## Zum Glück gibt's Gott
Auf dem Weg zum Ursprung und Ziel
deiner Sehnsucht

Tb., 160 Seiten

Dieses Buch ist für Jugendliche, die vom Leben nicht
genug bekommen können. Für alle die, die auf der
Suche sind nach dem wahren Glück. Es will auf den
Weg führen zu dem Ursprung und Ziel dieser Sehnsucht: hin zu Gott, der ein Leben in Fülle verspricht.

Best.-Nr. 271.059
ISBN 978-3-86353-059-4

Markus Wäsch

# Fischbrötchen für alle
... und andere Wunder, die Jesus tat

Tb., 128 Seiten

Jugendevangelist Markus Wäsch hat in diesem
Buch acht inspirierende Vorträge über die Wunder
Jesu im Johannes-Evangelium zusammengefasst.
Humorvoll, anschaulich und konkret sprechen diese
Bibelarbeiten mitten ins Leben und fordern nicht
nur Jugendliche heraus.

Best.-Nr. 273.688
ISBN 978-3-89436-688-9

Markus Wäsch

## Olivengrün im Schnabel
Von (Neu)Anfängen im ersten Buch Mose

Tb., 192 Seiten

Die Menschheitsgeschichte beginnt mit Schöpfung,
Sündenfall, Brudermord, Sintflut und Turmbau zu
Babel. Markus Wäsch zieht aus diesen Ereignissen
Lehren für das Leben von jungen Leuten, die schon
Christ sind oder es werden sollten. Ein erfrischen-
des Buch.

Best.-Nr. 273.915
ISBN 978-3-89436-915-6